Rosa Maria Ayres da Cunha

Quando ouço a tua voz
Poemas para meditar

Dados Internacionais de Catalogação na Publicação (CIP)
(Câmara Brasileira do Livro, SP, Brasil)

Cunha, Rosa Maria Ayres da
  Quando ouço a tua voz : poemas para meditar / Rosa Maria Ayres da Cunha – São Paulo : Paulinas, 2009. – (Coleção um toque de delicadeza)

  ISBN 978-85-356-2517-2

  1. Poesia brasileira   I. Título.   II. Série.

09-08896   CDD-869-91

Índice para catálogo sistemático:

1. Poesia : Literatura brasileira 869.91

1ª edição – 2009
1ª reimpressão – 2014

Citações bíblicas: *Bíblia Sagrada*. Tradução da CNBB. 7. ed. São Paulo, 2009

DIREÇÃO-GERAL:	Flávia Reginatto
EDITORA RESPONSÁVEL:	Luzia M. de Oliveira Sena
ASSISTENTE DE EDIÇÃO:	Andréia Schweitzer
COPIDESQUE:	Mônica Elaine G. S. da Costa
COORDENAÇÃO DE REVISÃO:	Marina Mendonça
REVISÃO:	Ana Cecilia Mari
DIREÇÃO DE ARTE:	Irma Cipriani
GERENTE DE PRODUÇÃO:	Felício Calegaro Neto
CAPA E EDITORAÇÃO ELETRÔNICA:	Manuel Rebelato Miramontes
CAPA E DIAGRAMAÇÃO:	Telma Custódio
ILUSTRAÇÕES:	Stock.xchng

Nenhuma parte desta obra poderá ser reproduzida ou transmitida por qualquer forma e/ou quaisquer meios (eletrônico ou mecânico, incluindo fotocópia e gravação) ou arquivada em qualquer sistema ou banco de dados sem permissão escrita da Editora. Direitos reservados.

Paulinas
Rua Dona Inácia Uchoa, 62
04110-020 – São Paulo – SP (Brasil)
Tel.: (11) 2125-3500
http://www.paulinas.org.br – editora@paulinas.com.br
Telemarketing e SAC: 0800-7010081

© Pia Sociedade Filhas de São Paulo – São Paulo, 2009

Àqueles que, de alguma forma,
me ajudaram e ajudam a perceber,
no transcorrer da minha vida,
a presença do Imarcescível.

Paz

*Que o Senhor da paz,
ele próprio,
vos dê a paz, sempre
e de toda maneira.
(2Ts 3,16)*

Assim é a tua Paz

Um cisne desliza
sobre o espelho d'água,
deixando atrás de si
tênues ondas, únicas, singulares...

    Assim é a tua Paz, Senhor,
    que invade o meu coração
    e nele faz marcas indeléveis.

Essa é a Paz que busco
ao me sentir frágil e sem amparo.

    Essa é a Paz que encontro
    ao me desligar do que é mundano,
    para mergulhar no teu Espírito.

Essa é a Paz que sinto
ao aceitar a Doação da Paz
que tu fazes, a cada instante,

no voo solitário de um pássaro,
na flor que brota entre as pedras,
na folha amarelecida que cai da árvore,
no rastro delicado
deixado pelo cisne
no espelho d'água.

O jardim cheio de Paz

É tua a Paz desse jardim
de verdores que puseste
no peito de cada um de teus filhos,
para que eles dele cuidassem
com a água da tua graça,
com os raios do sol da esperança,
com o adubo da fé.

> Praza a ti, Senhor,
> que cada um desses jardins
> mantenha a terra fértil
> para receber, sempre,
> a boa semente
> e fazê-la germinar
> e fazê-la crescer
> e fazê-la transformar-se
> em árvore vigorosa

e fazê-la dar frutos saborosos,
que darão novas sementes,
que brotarão
da tua Paz.

*Ele dará a teu corpo
nova vida,
e serás um jardim
bem irrigado.*
(Is 58,11)

*Observa o justo
e vê o homem reto,
pois o homem de paz
tem futuro.
(Sl 37,37)*

Peço a tua Paz

Peço a tua Paz,
ó Grande Doador,
nos campos minados pelo poder
que ceifa vidas,
nos campos maculados pela ambição,
nos campos devastados pela sevícia.

    Peço a tua Paz,
    ó Grande Doador,
    nas cidades destruídas pelos mísseis,
    nas cidades carcomidas
    pelo ódio dos terroristas,
    nas cidades depredadas pela opressão.

Peço a tua Paz,
ó Grande Doador,
no ar saturado de fétidos odores,
no ar invadido por naves inimigas,
no ar infectado de gases destrutivos.

Peço a tua Paz,
ó Grande Doador,
nos rios e mares
profanados por poluentes,
na chuva ácida, que cai impiedosa,
na gota de orvalho degenerada
que destrói a grama.

Peço a tua Paz,
ó Grande Doador,
nas florestas derrubadas pela cobiça,
nos animais em extinção
por causa da impiedade,
no ecossistema abalado
pela sede de poder.

Peço a tua Paz,
ó Grande Doador,
no coração do ser humano corrompido,
para que ele desperte
e descubra o outro,
para que ele aprenda a lição

com os próprios erros
e toque os sinos da solidariedade
até os confins da terra
e, sorrindo, de coração aberto
e de mãos estendidas,
convide o pobre e o oprimido,
para com eles partilhar o pedaço de pão
à mesma mesa, sob as estrelas,
e seque, com o lenço da doçura,
as lágrimas da criança
e do idoso desvalido,
e cante a esperança
e plante as sementes da igualdade
e faça o mundo melhor.

Só assim voltará a brilhar,
com toda a intensidade,
o único e verdadeiro sol nascente,
que banhará e iluminará todos os
teus filhos, carentes da Luz.

Então, as portas e as janelas se abrirão
e se ouvirão os passos dos teus filhos
carregando seus cântaros
pelo suave caminho que leva
a tua inesgotável fonte de Paz!

Uma medida de paz

Coloca em nosso regaço, Senhor,
uma medida boa
da paz que existe
no broto de grama
que irrompe da terra, tímido,
certo de que vai encontrar a luz.

> Ou uma medida apertada
> da paz silenciosa
> que emana do choupo,
> que cresce em direção ao céu.

Ou uma medida sacudida
da paz do filhote
que se aconchega
sob as asas protetoras da mãe.

Ou uma medida transbordante
da cálida paz
do pôr do sol, que tinge
o céu e o mar
de exuberantes cores.

Coloca em nosso regaço, Senhor,
uma medida boa,
apertada,
sacudida,
transbordante
da paz que tu doas
a quem te busca
na tua Paz.

*E a paz de Deus,
que supera
todo entendimento,
guardará os vossos
corações e os vossos
pensamentos.*
(Fl 4,7)

Humildade

*Tomai sobre vós
o meu jugo [...]
e encontrareis
descanso para vós.
Pois o meu jugo é suave
e o meu fardo é leve.
(Mt 11,29-30)*

Ajuda-me, Senhor!

Estou cansada.
Meus pés doem,
minhas pernas fraquejam.
O fardo é tão pesado!
Há tantas pedras dentro dele!

    Ajuda-me, Senhor,
    a tirá-las uma a uma
    e a arremessá-las bem longe,
    bem longe,
    para que não possam
    causar mal algum!

Ajuda-me, Senhor,
a me livrar
das pedras da raiva,
do ódio e da angústia,
do medo e da incerteza,

e de tantas pedrinhas
que tornam
o meu fardo tão pesado!

    Ajuda-me, Senhor,
    a me livrar
    deste fardo
    que me oprime!

    Ajuda-me, Senhor,
    a substituí-lo
    pelo teu fardo
    que, como afirmas,
    é muito leve,
    para que o áspero chão
    da longa estrada
    se transmude
    numa doce alcatifa de relva
    a acariciar meus pés.

Pego a espiga de milho e aprendo

Pego a espiga de milho
e observo seus grãos.
Sem pronunciar uma palavra,
cada um deles, em seu lugar,
em sua simplicidade,
me ensina
a respeitar o espaço alheio,
a respeitar a edificação do outro,
a respeitar o outro como ele é,
a respeitar a sua alteridade.

    Pego a espiga de milho
    e aprendo
    que é bom
    viver em harmonia
    com o meu próximo.

Pego a espiga de milho
e aprendo
a lição que o Pai ensina
em cada grão dourado.

*Cada um de nós
procure agradar
ao próximo para o bem,
visando à edificação.
(Rm 15,2)*

Louvor

*Procurai conhecer
o Senhor e sua força,
procurai sua face
sem cessar.
Recordai as maravilhas
que ele fez.
(1Cr 16,11-12)*

A tua face

O equilíbrio do sol,
que reluz no manto azul,
e o raio da lua, que
prateia a vidraça e a rua,
revelam-me a tua face.

    As ondas
    que quebram na praia,
    a força poderosa do vulcão
    e o impetuoso furacão
    revelam-me a tua face.

A árvore, que teima
em nascer sempre para o alto,
o temporal e
a cortina da aurora boreal
revelam-me a tua face.

O regato, que leva
a flor para o mar,

e a fonte, perenemente a cantar,
revelam-me a tua face.

    A energia da semente,
    que explode do ventre da terra,
    e a espiga dourada,
    que se torna farinha macia
    e a fome sacia,
    revelam-me a tua face.

A vinha verdejante
e o perfumado cacho de uva,
que, ao se doar,
faz a taça transbordar,
revelam-me a tua face.

    Eis por que
    não é preciso
    que eu te veja.
    Ademais,
    em cada célula do meu ser,
    mesmo antes de eu nascer,
    já havia a tua face.

Um pedacinho do céu

Estrelas marchetadas no céu, a cintilar,
o orvalho cristalino na grama
– oh! beleza sem-par! –,
a suave luz da manhã,
o lento cair da noite
e a rua prateada
pelo esplendor do luar
falam de ti,
a cada instante, sem cessar.

A onda impetuosa,
que encrespa o dorso do mar,
o raio poderoso,
o fogo lambendo a madeira, a crepitar,
o arco-íris sorrindo no horizonte,
o ramo que estremece
e que ao sabor do vento
põe-se a balançar

confirmam que existes
no teu dom de criar e recriar.

E a pluma, tão frágil,
que plana leve, bem leve,
e dança pelo ar,
e o rio, caudaloso,
que corre pressuroso,
levando o passado
ao encontro do mar,
o bebê que ri,
que chora e grita
e brinca e anda
e faz carinho
e de repente começa a falar
são testemunhas verdadeiras
e incontestáveis,
sempre a te revelar.

E o leque de cores
de mimosas flores

debruçadas nos beirais,
e o canto da fonte, a chuva, o sol,
a floresta, os animais,
vaga-lume iluminando a noite,
borboleta delicada em voo tão fugaz
cantam a tua existência e o teu poder
e, sobretudo, tudo quanto és capaz.

A serra vestida de neve,
o rutilar do rubi,
o tímido grão de areia,
o levitar do bem-te-vi,
a folha que cai,
a malva que perfuma
o temido vendaval
divulgam tua onipotência imortal.

E a semente,
que explode do ventre da terra
e se converte
em broa macia

para a fome saciar,
e a vinha verdejante,
que se oferece em cachos
que fazem a taça transbordar,
revelam a tua presença
nesse constante ato de doar.

Como posso negar tua onisciência,
se deste tudo isso para mim?
E mais: se me ofertaste
um pedacinho do céu,
pequenino assim?...
É o meu coração vibrante,
cheio de alegria,
que nada seria
se não pudesse pulsar
com a energia
que emana só de ti
e me transforma
em verbo amar.

*Dai graças ao Senhor,
seu nome invocai,
anunciai seus feitos
aos povos.
Cantai para ele,
para ele tocai;
publicai suas
maravilhas todas.
(1Cr 16,8-9)*

*Tu, porém,
quando orares,
entra no teu quarto,
fecha a porta
e ora ao teu Pai
que está no escondido.
(Mt 6,6)*

Sinto a tua presença

A flor desabrocha
e me oferece o seu perfume
com doçura.
Nesse instante, Senhor,
sinto a tua presença.

    Quando ando na praia,
    cada grão de areia
    me revela tua infinitude
    e a suavidade da tua presença.

Sento-me sob a amendoeira em flor
e cada pétala que cai
sussurra-me que é a tua presença.

    Depois de um extenuante
    dia de trabalho,
    abro a porta do meu lar
    e respiro a tua presença.

Dobro meus joelhos,
inclino minha cerviz
e agradeço por mais um dia de vida
e pela tua presença, Senhor,
a qual só tu
podes fazer-me sentir
em meu quarto interior.

Tu e nós

Fizeste a Terra finita,
com infinitas benesses,
mas nós a poluímos,
    nós a violentamos
    nós a desmatamos,
    nós a desprezamos.

Fizeste o céu infinito,
com gases que promovem a vida,
mas nós o enchemos de mísseis,
    de gases venenosos,
    de restos de satélites artificiais,
    de medo e de terror.

Fizeste a água cristalina,
num eterno renovar,
mas nós a maculamos
    com ácidos e corantes,
    com dejetos, com detergentes,
    com tralhas, com vis lubrificantes.

Fizeste o fogo vivificante,
mas nós o utilizamos
para queimar florestas,
para matar
seres humanos e animais,
para devastar o que criaste.

    Fizeste o tempo infinito
    para crescermos
        em consciência,
        em sabedoria,
        em comunhão,

    mas nós o dividimos
    em tempo de guerra,
    em tempo de ódio,
    em tempo de intolerância,
    em tempo de preconceito,
    em tempo passado
    sem vistas ao futuro.

Quando aprenderemos
a juntar os pedaços,
para que o tempo infinito
retorne como tempo de paz?

*[...] pois a criação
foi sujeita ao que é
vão e ilusório,
não por seu querer,
mas por dependência
daquele que a sujeitou.
(Rm 8,20)*

Solidariedade

*Eu te louvo, Pai,
porque escondeste
essas coisas
aos sábios e entendidos
e as revelaste
aos pequeninos.
(Lc 10,21)*

Como pequeninos

Como pequeninos,
socorramos os aflitos,
levando em nossas mãos
as sementes da esperança.

    Como pequeninos,
    derrubemos os muros
    das diferenças,
    levando em nossas mãos
    os lírios da fraternidade.

Como pequeninos,
salvemos os marginalizados,
levando em nossas mãos
as rosas da misericórdia.

Como pequeninos,
alimentemos os famintos,
levando em nossas mãos
os frutos da boa vontade.

Como pequeninos,
ponhamos fim às guerras,
levando em nossas mãos
as pérolas da reconciliação.

Como pequeninos,
busquemos os inimigos,
levando em nossas mãos
as harpas da sabedoria
e, em nosso coração,
a paz e a pureza
do nosso amor.

Dá-me tua mão

Dá-me tua mão,
para caminharmos juntos,
rumo ao trabalho profícuo.

    Dá-me tua mão,
    para limparmos, juntos,
    o lixo com que a ignorância
    sujou a terra.

Dá-me tua mão,
para despoluirmos, juntos,
a água e o ar
tisnados pelo desazo.

    Dá-me tua mão,
    para cuidarmos, juntos,
    daqueles que se quedaram abandonados
    à beira do precipício.

Dá-me tua mão,
para acariciarmos, juntos,
a face dos desprezados,
dos esquecidos, dos isolados,
dos exilados, dos excluídos
deixados ao relento.

    Dá-me tua mão,
    para fincarmos, juntos,
    os vigorosos bastiões
    de um mundo possível.

Dá-me tua mão,
para gritarmos, juntos,
com júbilo,
que perdoar é possível,
que alegrar e ser alegre
é possível.

Dá-me tua mão,
para que, ao final da lida,
colhamos, juntos,
os frutos da paz.

Por isso, eu te peço:
dá-me tua mão.

*Sobretudo,
revesti-vos do amor,
que une a todos
na perfeição.
(Cl 3,14)*

Cânticos em uníssono

Não basta que os cânticos
alegrem só o nosso coração.
Que se irradiem
e penetrem, também,
no coração dos nossos vizinhos.

    Não basta que os cânticos soem
    só em nossos lares.
    Que invadam,
    também, as cidades
    e as façam dançar.

Não basta que os cânticos
aconteçam só nas cidades.
Que inebriem, também,
cada país
e os tornem mais felizes.

Não basta que a felicidade
provocada pelos cânticos
permaneça somente
nos países.
Que se propague, também,
pelo universo
e nele restaure
a alegria de viver
em uníssono
com o Criador
das notas musicais.

[...] *despertai,
harpa e cítara,
quero acordar a aurora.
Eu te louvarei
entre os povos, Senhor,
a ti cantarei hinos
entre as nações.*
(Sl 108,3-4)

Fé

*Tudo o que,
na oração,
pedirdes com fé,
vós o recebereis.
(Mt 21,22)*

Dá-nos essa fé

O sol desponta,
doura o horizonte.
Lá vai o pescador
em seu modesto barquinho.
Lança a rede e espera
pacientemente.

>Dá-nos essa fé dos humildes, Senhor,
para que lancemos nossa rede,
com tranquilidade,
na certeza de que
tu a proverás de dons.

O pescador retorna
sob o crepúsculo.
Sua mulher e seus filhos
vão ao encontro dele,
na orla do mar.
Nas mãos, trazem cestos.

Dá-nos essa fé dos humildes, Senhor,
para que levemos a ti nosso cesto,
na certeza de que
não voltará vazio.

O barquinho chega à beira d'água.
Mãos ligeiras o puxam para a areia.
Rapidamente os cestos
ficam cheios de peixes.
Todos riem, felizes, ante a fartura.

Dá-nos essa fé dos humildes, Senhor,
para que possamos rir, exultantes,
quando virmos a tua graça
sobejar ao cesto
e passar
de mão em mão.

Segue, minha filha

Gigantescas ondas batem
contra a quilha
e invadem o convés.
Quase fazem o teu barco soçobrar;
mas tu as enfrentas,
levando em teu coração
estas palavras:

– Pouco importa a tempestade,
pois não é eterna. Passará.
Conserva a fé e a esperança.
Segue, minha filha. Vai!

Poderosos ventos enfunam as velas
e se arremessam
contra a proa e a popa.

Teu barco parece estar à deriva;
mas tu nada receias,
porque levas em teu coração
estas palavras:

> – Por mais bravio
> que seja o vendaval,
> sê mais forte que ele.
> Conserva o otimismo
> e a serenidade.
> Segue, minha filha. Vai!

Raios e trovões agitam o céu
e fazem o mastro tremer.
Anoitece.
É difícil controlar o timão e o leme.
Como achar o caminho?
Parece impossível;
mas tu consegues,
levando em teu coração
estas palavras:

– Embora forças traiçoeiras
sejam lançadas contra ti,
não saias da tua rota.
Conserva a autoconfiança
e o equilíbrio.
Segue, minha filha. Vai!

Quando chegas ao porto seguro
e ancoras a tua nau
com tranquilidade,
sabes que poderás enfrentar
de novo a procela,
porque levas em teu coração
estas palavras:

– Nem sempre há calmaria.
É preciso estar preparado
para a tempestade.

Abençoa ambas.
São fontes de ensinamento.
Usa o amor como bússola
e não desistas
de navegar.
Segue, minha filha. Vai!

*Em todas as circunstâncias, empunhai o escudo da fé [...] ponde o capacete da salvação e empunhai a espada do Espírito.
(Ef 6,16-17)*

Esperança

*Vi então
um novo céu e uma
nova terra. [...]
porque as coisas
anteriores já passaram.
(Ap 21,1.4)*

Ah! esse devir!

O nascer do sol do devir
será mais resplandecente,
porque não mais se ouvirá
falar em guerras.

    Os trigais assobiarão
    em suave dourado,
    e os rios deslizarão
    em deliciosas cascatas,
    porque não mais se ouvirá
    falar em guerras.

As trilhas se transformarão
em caminhos verdadeiros,
e dos sussurros nascerão
deleitosas melodias,
porque não mais se ouvirá
falar em guerras.

O Oriente e o Ocidente
não mais terão fronteiras,
nem cercas, nem muros,
nem preconceitos
que os separem,
porque não mais se ouvirá
falar em guerras.

Ah! esse devir!
Haverá, finalmente, paz na terra,
porque não mais se ouvirá
falar em guerra.

Reverdecer

O vendaval açoita
o frágil resedá
e quebra seu galho mais florido.
Não tarda, porém,
a despontar um broto,
que cresce,
toma forma
e reverdece.

Como esse broto,
precisamos crescer,
apesar dos vendavais,
apesar das folhas perdidas,
apesar dos sonhos não realizados,
apesar das lágrimas vertidas.

Crescer é se renovar,
é reverdecer,
é mudar para melhor,
é descerrar o coração
para o amigo,
para o vizinho,
para o irmão.

É espalhar a brisa da paz,
é cantar com a natureza,
é ver o bem em cada olhar,
esbanjar alegria
e distribuir, do sorriso,
a beleza.

É abrir a janela da vida
e deixar o sol brilhar
no caminho interior,
infinito,
que nos leva
ao universo
do verdadeiro amor.

[...] vivendo segundo a verdade, no amor, cresceremos sob todos os aspectos.
(Ef 4,15)

O único e verdadeiro vencedor

Mísseis chocam-se
contra as torres da mesquita,
sob os olhos da lua.
Vitrais seculares,
símbolos de fé e de beleza,
repousam, estilhaçados,
no chão convulso do Oriente.

    Asas de metal chocam-se
    contra as Torres Gêmeas,
    sob a luz do sol.
    Portentosas colunas de concreto,
    símbolos do trabalho e do poder,
    desmoronam

e se transformam
em sepulcro, no Ocidente.

Balas de fuzis passam
por corpos de homens,
de mulheres, de crianças.
A vida, tão preciosa, se esvai
e se transforma
em poças de lama e sangue.

   Por enquanto, ele venceu.
   Ele ri e se contorce
   de prazer nefasto.
   Ele é poderoso e não consegue
   aplacar a própria sede
   nem a própria fome.
   Quer sempre mais e mais.
   Ele, o inimigo voraz,
   o pérfido conselheiro: o ódio.

Que a sabedoria e a paz, Senhor,
se espalhem do Oriente ao Ocidente
e do Ocidente ao Oriente,
para que haja
um só vencedor: o Amor.

*Pois assim como recebi
do meu Pai este poder,
darei ao vencedor
a estrela da manhã!
(Ap 2,28)*

Graça

*[...] não seja feito
como eu quero,
mas como tu queres.
(Mt 26,39)*

A gota de orvalho

A trêmula gota de orvalho
desliza na haste
e depois
pende da folha.

    Quero essa gota pura, Senhor,
    para saciar
    a minha sede de ti.

A transparência
da gota de orvalho
embevece meus olhos.

    Quero a limpidez
    dessa gota, Senhor,
    para sentir-me digna
    de me aproximar de ti.

Um raio de sol
atravessa a gota de orvalho
e a faz cintilar
como uma estrela.

    Quero o brilho
    dessa gota, Senhor,
    para revelar
    a minha própria natureza
    e refletir
    a tua luz...
    se tu o quiseres.

A tua graça

Ainda que nada te peçamos,
tu nos brindas,
diariamente,
com a tua graça.

    Às vezes gritamos, desejando
    que nosso pedido
    seja atendido de imediato.
    E tu nos respondes
    silenciosamente,
    com a tua graça,
    no momento que achas propício.

Elevamos nossos corações a ti,
com humildade,
e tu nos doas,
benevolentemente,
a tua graça.

Esquecemos de agradecer
por tuas dádivas,
mas tu continuas,
generosamente,
enviando-nos a tua graça.

Pois a graça salvadora de Deus manifestou-se a toda a humanidade.
(Tt 2,11)

*Purifica-me com o
hissopo e ficarei puro;
lava-me e ficarei
mais branco
que a neve.
(Sl 51,9)*

Lava o nosso coração

Chove.
A água dança nos telhados
e vai lavando
beirais e cumeeiras,
depois entra nas calhas e desaparece.
Ei-la que surge,
novamente,
saltando dos canos,
carregando a sujeira
e se espraiando pelo chão.

    Lava o nosso coração, Senhor,
    com a água pura
    da tua chuva
    e leva para fora de nós
    a poeira invisível
    que tolda nosso céu interior.

Faze, Senhor,
que tomemos consciência
de cada grão de pó
que nos distancia de ti,
para podermos
libertar-nos da bruma.

Assim, conseguiremos levantar
nossos olhos do chão,
para vislumbrarmos
o teu céu de anil
por entre as g
        o
        t
        a
        s
          da
              c
               h
                u
                 v
                  a.

Quando ouço a tua voz

Se eu com rudes palavras
ferir meu irmão algum dia,
revela-me tua agonia, Senhor,
e ensina-me.

    Se à criança e ao idoso
    eu recusar meu carinho,
    coloca-me no teu caminho, Senhor,
    e ensina-me.

Se eu vir a dor do oprimido
e lhe negar uma migalha,
conscientiza-me da falha, Senhor,
e ensina-me.

    Se o pobre e o miserável
    eu desprezar com motejo
    por favor, faz-me ter pejo, Senhor,
    e ensina-me.

Se a tudo o que me disseres
eu responder: "É mentira",
amaina a minha ira, Senhor,
e ensina-me.

    Se o teu amor profundo
    eu trocar por veleidade,
    desperta-me para a Verdade,
    Senhor,
    e ensina-me.

Pois, quando ouço a tua voz
e, como pessoa,
me empenho em crescer,
a tua paz se manifesta, Senhor,
e começo realmente a ser!

*Todo aquele
que é da verdade
escuta a minha voz.
(Jo 18,37)*

Sumário

PAZ
    Assim é a tua Paz 7
    O jardim cheio de Paz 9
    Peço a tua Paz 13
    Uma medida de paz 17

HUMILDADE
    Ajuda-me, Senhor! 23
    Pego a espiga de milho
    e aprendo 25

LOUVOR
    A tua face 31
    Um pedacinho do céu 33
    Sinto a tua presença 39
    Tu e nós 41

SOLIDARIEDADE
    Como pequeninos 47
    Dá-me tua mão 49
    Cânticos em uníssono 53

Fé
- Dá-nos essa fé 59
- Segue, minha filha 61

Esperança
- Ah! esse devir! 69
- Reverdecer 71
- O único e verdadeiro vencedor ... 74

Graça
- A gota de orvalho 81
- A tua graça 83
- Lava o nosso coração 87
- Quando ouço a tua voz 89